Michael Brumby · Friedrich Schütz

MAINZ

Bewegte Zeiten - Die 50er Jahre

Wartberg Verlag

Fotonachweis: Alle Fotos Stadtarchiv Mainz

1. Auflage 1996
Alle Rechte vorbehalten, auch die des auszugsweisen Nachdrucks und der fotomechanischen Wiedergabe.
Druck: Bernecker, Melsungen
Buchbinderische Verarbeitung: Hollmann, Darmstadt
© Wartberg Verlag GmbH
34281 Gudensberg-Gleichen, Im Wiesental 1, Tel.: (05603) 4451 u. 2030
ISBN 3-86134-313-4

Vorwort

„Mainz. In einem Satz zusammengefaßt muß das Ergebnis für Rheinland-Pfalz am Jahresschluß etwa so lauten: eine politisch fast krisenlose Zeit, viele neue wirtschaftliche Erfolge, eine Rekordweinernte, ein Beschäftigten-Höchst- und Arbeitslosentiefstand ..." Diesen Jahresrückblick aus Mainz konnte man in der „Trierischen Landeszeitung" vom 30. Dezember 1960 lesen.

15 Jahre zuvor hatte es nicht wenige Stimmen gegeben, die ein Weiterleben der aus tausend Wunden blutenden Stadt nicht für möglich hielten. Anders als andere deutsche Städte im Westen hatte Mainz nicht nur durch den Krieg selbst, sondern auch durch dessen Folgen sehr gelitten. Am Ende des Krieges war die Innenstadt zu 80 Prozent zerstört. Vor dem Krieg hatten in den linksrheinischen Stadtteilen 122.000 Menschen gelebt, unmittelbar nach Kriegsende waren es noch 52.000. Von rund 40.000 Wohnungen waren nur noch 2.700 oder 6,7 Prozent unversehrt. Ebensosehr waren Geschäftshäuser und Industrieanlagen zerstört.

Im August 1945 trennten die Amerikaner die rechtsrheinischen Stadtteile von Mainz ab und unterstellten sie der treuhänderischen Verwaltung durch die Stadt Wiesbaden und den Kreis Groß-Gerau. Mainz verlor 52 Prozent seines Stadtgebietes und 60 Prozent seiner Industrie, darunter die Chemischen Werke Albert und die Dyckerhoff-Zementwerke in Mainz-Amöneburg, die Christof-Ruthof-Schiffswerften in Mainz-Kastel, Linde's Eismaschinen-AG und die Zellstoffabrik Waldhof in Mainz-Kostheim sowie die M.A.N. und die Vereinigten Deutschen Metallwerke in Mainz-Gustavsburg und den dortigen Hafen. Die Zonengrenze, die Lostrennung von Hessen, zu dem Mainz seit 1816 gehört hatte, machte die Verbindung zum rechten Rheinufer in den ersten Nachkriegsjahren nahezu unmöglich. Mainz war von seinem wirtschaftlichen Einflußgebiet, das bis nach Frankfurt und Darmstadt gereicht hatte, abgeschnitten. Die gewerbliche Umorientierung auf das linke Rheinufer gestaltete sich zum alles beherrschenden Problem. Die Erfolge in den fünfziger Jahren machten diese zu einer bewegten Zeit für Mainz. Nachdem Oberbürgermeister Franz Stein, unablässig um die Stärkung der Wirtschaftskraft seiner Stadt bemüht, 1950 das Amt für Wirtschaftsförderung gegründet hatte, konnten bis 1960 rund 70 große und mittlere Betriebe nach Mainz geholt werden, was einen Gewinn von 12.000 Arbeitsplätzen bedeutete. Zu den großen Firmen gehörten das Jenaer Glaswerk Schott & Gen., die Papierfabrik Max Krause und die Nestle-AG.

Die bauliche Entwicklung der Nachkriegszeit läßt sich in drei Abschnitte gliedern: in die Jahre von 1945 bis 1948, nämlich die des Neubeginns, in denen man sozusagen „von der Hand in den Mund" lebte, sodann in die Zeit des kontinuierlichen Wiederaufbaus von 1949 bis 1960/61, und schließlich in die Zeit der stürmischen Entfaltung ab 1962, jene Jahre, in denen sich ein Teil des „Mainzer Wunders" vollzog, von dem noch einmal die Rede sein

wird. Nachdem zunächst verschiedene Modelle um Anerkennung gerungen hatten, setzte sich bald die Überzeugung durch, das mittelalterlich/barocke Stadtgefüge weitgehend unangetastet zu lassen. Im Sommer 1948 diskutierte der Stadtrat erstmals die vom Hochbauamt vorgelegten Pläne über die Neugestaltung der Stadt. Da die wirtschaftliche Neuorientierung dem Wiederaufbau vorausging, brauchte Mainz länger als andere Städte, um die Spuren des Krieges zu beseitigen. Wirtschaftliche Gründe waren für die Verzögerung aber nicht allein verantwortlich, die in Folge besonderer Vorschriften der französischen Besatzung erzwungene Drosselung und die schwierigen Eigentumsverhältnisse bei den Grundstücken in der historischen Altstadt kamen hinzu. So begann der Wiederaufbau zunächst in der Neustadt und in den Außenbezirken, während in der Innenstadt zuerst die Geschäftsstraßen entstanden. Immerhin war 1949 das Kurfürstliche Schloß wieder hergestellt, 1950 die Straßenbrücke, 1951 das Stadttheater, wenig später das Deutschhaus. Stolz waren die Mainzer auf das 1952 auf den Ruinen des alten Invalidenhauses errichtete moderne Altersheim und das Kinderheim im Landwehrweg, das 45 Waisenkinder aus den Baracken auf dem Schloßplatz aufnahm. Außerdem entstanden bis 1960/61 insgesamt 13 Schulbauten.

Aber ein großes Problem war und blieb der Wohnungsbau. 1951 lebten schon wieder 96.000 Menschen in Mainz, 1960 schon 130.000, womit der Vorkriegsstand bereits überschritten war. Von 1945 bis 1960 entstanden 18.000 Wohnungen, aber Mainz stand mit der Bevölkerungszunahme an zweiter Stelle in Deutschland, und so gab es 1960 rund 16.000 wohnungssuchende Parteien. Noch immer lebten über 1.500 ausgebombte Mainzer Familien auf dem Land und wünschten nichts sehnlicher als in die Vaterstadt zurückkehren zu können. Krassester Ausdruck der Wohnungsnot waren die Elendsquartiere, denn 1960 hausten immer noch viele Menschen in Bunkern und Baracken, so auf dem Hartenberg und vor der Universitätsklinik. Eine entscheidende Weichenstellung bedeutete die Beauftragung des international renommierten Städteplaners Prof. Dr. Dr. Ernst May und der Professoren Boesler und Leibbrand mit der Gesamtplanung des Wiederaufbaus im Jahre 1958. Der stürmische Aufschwung der Stadt Mainz aber begann mit der Zweitausendjahrfeier der Stadt 1962.

Die Nachkriegszeit bescherte dem halbierten Mainz, das so viel erdulden mußte, aber auch eine Zunahme seiner Bedeutung: 1946 konnte mit Hilfe der Franzosen die 1800 geschlossene Universität wiedereröffnet werden, im selben Jahr bestimmten sie die Stadt am Zusammenfluß von Rhein und Main zur Hauptstadt des neugeschaffenen Landes Rheinland-Pfalz. Das war des Mainzer Wunders erster Teil.

Michael Brumby, Friedrich Schütz

Foto links: Der Blick von der Straßenbrücke fällt auf ein scheinbar nur wenig zerstörtes Stadtzentrum. In Wirklichkeit ist die Umgebung des hochaufragenden Doms St. Martin auch 1955 noch von schweren Bombenschäden gezeichnet. Die Rheinstraße im Vordergrund ist noch nicht wieder aufgebaut, der Eisenturm (links im Bild) aus dem 13. Jahrhundert ebenso ohne Dach wie der Turm der schwer zerstörten gotischen Pfarrkiche St. Stephan auf dem Kästrich, der Anhöhe im Westen der Stadt. Beherrschend erhebt sich rechts der Neubau des Altersheims in der Altenauergasse. Hotel Mainz Hilton, Rheingoldhalle und Rathaus entstanden erst in den sechziger und siebziger Jahren an der Schauseite der Stadt. Am Rheinufer, vor dem Mainzer Pegel, liegen Ausflugsdampfer der Köln-Düsseldorfer-Dampfschiffahrts-Gesellschaft. Das Transportschiff im Vordergrund zeugt von der Bedeutung des Rheinstroms für den Güterverkehr.

Foto oben: Der Sonntagsverkehr auf dem Rhein gehörte und gehört den Ausflüglern. Die Gütertransportschiffe liegen am Fischtor vor Anker. Eine Gruppe von Menschen verläßt das Schiff, das sie zu einer Rundfahrt in die Mainmündung und zu den rechtsrheinischen Stadtteilen Kastel und Kostheim gebracht hatte. Eine andere Gruppe wartet auf den Einstieg. Andere erholen sich im Schatten der Sonnenschirme auf den schwimmenden Gaststätten hinter dem Motorschiff. Im Süden der Stadt überspannt die Eisenbahnbrücke, die älteste der vier Mainzer Brücken, den Strom. Dahinter ist der Turm der Weisenauer Pfarrkirche und ein Schornstein der Portland-Zementwerke zu erkennen.

Foto oben: Das Rheinufer und der Rhein üben seit jeher auch auf Kinder und Jugendliche eine starke Anziehungskraft aus. Unser Foto, aufgenommen 1958, zeigt die „Arche Noah" am Fischtor, eines jener heute nicht mehr vorhandenen schwimmenden Restaurants, die mit dem Begriff Rheinromantik verbunden waren. Das „Schiffchebootche" ist soeben zu einer Rundfahrt aufgebrochen oder, wie es dies noch bis in die siebziger Jahre gab, zu einer fahrplanmäßigen Fahrt nach Kostheim und Ginsheim. Im Hintergrund ist die Theodor-Heuss-Brücke zu sehen, die Mainz und Kastel miteinander verbindet. Die rechtsrheinischen Stadtteile Amöneburg, Kostheim und Kastel („AKK") wurden 1945 durch einen willkürlichen Akt der Amerikaner von Mainz abgetrennt und einer vorläufigen Verwaltung durch die Stadt Wiesbaden unterstellt.

Foto rechts: Die Mainzer Flußbadeanstalten hatten eine lange Tradition. Seit dem 19. Jahrhundert lagen mehrere davon am Rheinufer vor der Stadt. Nach dem Krieg blieben zwei übrig. Die, die wir hier sehen, war die von Watrin vor der Uferstraße. 1955, als dieses Foto entstand, war das Rheinwasser schon so sehr verschmutzt, daß Watrin neben dem großen Flußwasserbecken im linken Bildteil auch ein kleineres Becken mit klarem Wasser ohne Strömung anbot. Nach Eröffnung des Mainzer Freibades 1957 verschwanden bald die Flußbadeanstalten am Rheinufer.

Der Ostchor des Doms um 1950. Ein besonders majestätisches Bild bietet der Dom vom Liebfrauenplatz aus. Der Ostchor enthält die ältesten noch sichtbaren Bauelemente der Kathedrale, und zwar diejenigen aus dem zweiten Bauabschnitt um 1100, den Kaiser Heinrich IV. veranlaßte, insbesondere durch die Errichtung der Hauptapsis mit der schönen Zwerggalerie. Auf dem Foto links ist ein Teil der klassizistischen preußischen Hauptwache von 1826, das heutige Haus am Dom, zu erkennen, rechts, vor dem Bischofsportal, die Nagelsäule von 1916.

Blick vom Westturm des Doms über Mainz. Die nördliche Altstadt zwischen Dom und Christuskirche (im Bildhintergrund mit Kuppel) war von den Bombenangriffen im 2. Weltkrieg besonders stark gezeichnet. Das Foto aus dem Jahr 1955 zeigt, daß viele Gebäude - wie die Alte Universität links im Bild, die Pfarrkirche St. Quintin in der Bildmitte oder das Kurfürstliche Schloß und das Deutschhaus im Bildhintergrund - wieder aufgebaut waren, aber es zeigt auch, daß es überall noch große Baulücken gab. Vor allem fehlte es in der Innenstadt an Wohnungen. Bedingt vor allem durch die Abtrennung der industriereichen rechtsrheinischen Stadtteile 1945, brauchte Mainz länger als andere Städte, um die Spuren von Krieg und Zerstörung zu beseitigen.

Blick vom Höfchen in Richtung Gutenbergplatz mit Stadttheater, nördliche Ludwigsstraße und Schillerplatz. Zum Zeitpunkt der Aufnahme, 1958, war das fast total zerstörte verkehrsreiche Hauptgeschäftszentrum der Stadt Mainz weitgehend wiederaufgebaut, das spätere „Haus des deutschen Weines" steht kurz vor der Fertigstellung. Vor dem Textilhaus Lotz & Soherr, Höfchen 1-3, und dem Schuhhaus Hako, Höfchen 5, (heute Warenhaus Karstadt), sind Verkaufsstände aufgebaut. Davor hält ein Lieferwagen der Blumengroßhandlung Pellegrini am Bonifaziusplatz mit dem neuen 1956 eingeführten amtlichen Kennzeichen „MZ". Heute ist der Straßenzug für den privaten KFZ-Verkehr gesperrt.

Ebenfalls 1958 entstand dieses Foto von der Nordseite des Höfchens in Richtung Markt mit den zunächst nach 1945 schmucklos wiederaufgebauten, ehemals mit prächtigen Fassaden ausgestatteten Häusern. In den siebziger Jahren wurden diese Fassaden nach alten Vorlagen wieder rekonstruiert. Fast fremd wirkt der achteckige historische Treppenturm aus der Zeit um 1666/1667 an der Ecke Höfchen/Schusterstraße neben dem Schuhhaus Buttler mit einem Standbild der Hl. Barbara. Der Turm war Bestandteil des ehemaligen Hauses „Zur Nähkiste".

Das Mainzer Stadttheater am Gutenbergplatz, dem „Scharnier" zwischen dem Höfchen und der in den ersten Jahrzehnten des 19. Jahrhunderts entstandenen Ludwigsstraße, ist eine Schöpfung des hessen-darmstädtischen Hofbaudirektors Georg Moller und entstand in den Jahren 1831 bis 1834. Bei den Bombenangriffen im August 1942 völlig ausgebrannt, wurde es 1951/52 wieder aufgebaut. Es hatte 950 Sitzplätze. Das Eckhaus links (Gutenbergplatz 1) befindet sich im Wiederaufbau, die Firmen Samen-Kämpf und Fahrrad-Schnee an der Ecke Gutenberg-Platz/Schöfferstraße sind noch in provisorischen Pavillons untergebracht. Die mit einer Persil-reklame geschmückte Normaluhr war ein beliebter Treff- und Orientierungspunkt. Das Foto entstand im Sommer 1957 während des Wahlkampfs zum 3. Deutschen Bundestag.

Der fahnengeschmückte Gutenbergplatz mit dem Gutenberg-Denkmal und dem in festlicher Abendbeleuchtung strahlenden, soeben wieder hergestellten Stadttheater 1952. Die geparkten PKWs tragen noch die Autokennzeichen der Französischen Zone.

Foto links: Aus dem heute leider nicht mehr bestehenden Dachrestaurant des 1942 ausgebrannten und 1951/52 wieder aufgebauten Stadttheaters hatte man einen prächtigen Blick auf den majestätischen Dom. Die Aufnahme entstand um 1955.

Foto oben: Die Gesamtansicht des „Domgebirges" von Nordwesten entstand um 1955. Der 1000jährige Dom St. Martin, das Wahrzeichen, der Mittelpunkt der Stadt, ist 113 Meter lang und an den Türmen 82,5 Meter hoch. Erzbischof Willigis (975 - 1011) ließ den Bau beginnen. Er war die

Kathedrale der Mainzer Erzbischöfe, die zugleich die Würden eines Kurfürsten und Reichserzkanzlers innehatten. Große Feierlichkeiten, Synoden, Weihen und Königskrönungen fanden hier statt. Aber der Dom erlebte auch sieben Brände, den letzten bei den Bombenangriffen im August 1942, als der Dachstuhl vernichtet und durch ein Notdach gesichert wurde. 1955 bis 1960 erfolgte die Beseitigung der Kriegsschäden. Während das Ostwerk und die Außenwände aus romanischer Zeit stammen, sind die Westtürme Zeugnisse aus der Barockzeit, erbaut nach einem Brand von 1769 bis 1774.

Foto links: Ein Bild der Trostlosigkeit und der Hoffnung zugleich vermittelt der Blick von der Stadthausstraße über die Betzelsstraße zum unzerstörten 1000jährigen Dom um 1956. Auf den bewachsenen Trümmergrundstücken entstand später die Seppel-Glückert-Passage.

Foto oben: Die Ludwigsstraße mit den provisorisch aufgebauten Häusern 6 (Juweliergeschäft Josef Lutz) und 7 (Foto- und Radiogeschäft Urmetzer Nachf.)

1953/54 von der Hinteren Präsenzgasse aus aufgenommen. Im Hintergrund die Ruine des Turms der Pfarrkirche St. Emmeran.

Foto rechts: Neuer Wohlstand wird sichtbar: Die in Pavillonbauweise wieder aufgebaute Ludwigsstraße mit Blick auf das Gutenberg-Denkmal und den Dom. Um 1955.

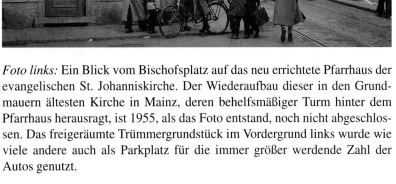

Foto links: Ein Blick vom Bischofsplatz auf das neu errichtete Pfarrhaus der evangelischen St. Johanniskirche. Der Wiederaufbau dieser in den Grundmauern ältesten Kirche in Mainz, deren behelfsmäßiger Turm hinter dem Pfarrhaus herausragt, ist 1955, als das Foto entstand, noch nicht abgeschlossen. Das freigeräumte Trümmergrundstück im Vordergrund links wurde wie viele andere auch als Parkplatz für die immer größer werdende Zahl der Autos genutzt.

Foto rechts: Blick von der Leichhofstraße über den Leichhof zum monumentalen Westwerke des Doms. Zu Beginn der fünfziger Jahre, als dieses Foto entstand, war auch das im Krieg schwer beschädigte, auf dem Baublock

zwischen Leichhofstraße und Heiliggrabgasse stehende schöne Haus Zum Spiegel (Leichhofstraße 1) aus den letzten Jahren des 17. Jahrhunderts wieder aufgebaut. Wo heute die Gäste beim Wein sitzen, hatte damals die Werkzeug- und Maschinengroßhandlung Hommel ihren Laden.

Foto S. 19: Das Haus Augustinerstraße 58 zählt zu den sehr wenigen erhaltenen Beispielen anspruchsvoller Hauskultur des 18. Jahrhunderts in Mainz. Dazu gehören auch die charakteristischen barocken mit Masken geschmückten Ladenbögen, die 1955 zu einem Laubengang geöffnet wurden. Ein Plakat an der Ladentür lädt zum Mainzer Weinmarkt 1954 ein.

Foto links: Die Augustinerstraße vom Graben aus in Richtung Leichhofstraße. Obwohl der Straßenzug in der südlichen Altstadt zu den ältesten Mainzer Straßen in Nord-Südrichtung zählt, herrscht die Architektur des 19. Jahrhunderts und des Barocks vor, der letztere vor allem an der 1768 bis 1776 erbauten Kirche des Augustinerklosters, das der Straße den Namen gab. Die Augustinerstraße war nicht nur Hauptgeschäftsstraße, sondern auch belebte Verkehrsachse, durch die beispielsweise die Linie 1 Ingelheimer Aue - Weisenau der Straßenbahn fuhr, bis die Augustinerstraße in den siebziger Jahren in die Fußgängerzone einbezogen wurde. Heute dominiert die Gastronomie.

Foto rechts: Ein früher Morgen um 1955 in der Mainzer Altstadt. Ein Junge schiebt seinen hochrädrigen Karren durch die Weintorstraße. Er wird kaum wissen, daß das Haus auf der rechten Bildseite das älteste Profangebäude der Stadt ist, das romanische Haus zum Stein. Ins Bewußtsein der Bevölkerung trat das Gebäude erst durch seine preisgekrönte Restaurierung 1981-83. Im Hintergrund sehen wir die typische Hinterhof-Notbebauung der Augustiner- beziehungsweise Holzstraße.

Beim Wiederaufbau der im Krieg total zerstörten Holzstraße wurde auf der linken Seite die Fluchtlinie einige Meter zurückgenommen, während auf der rechten Seite sehr schnell Häuser auf den alten Gebäudegrundrissen errichtet wurden. Die unverputzten Häuser waren mit Hohlblocksteinen erbaut, die vom Leichtsteinwerk auf dem Goetheplatz stammten. Der Holzturm, der einst auch als Gefängnis des Schinderhannes gedient hatte, mußte 1958 noch drei Jahre bis zu seiner Wiederherstellung warten.

In den 50er Jahren versuchte man, in den Stadtteilen kleinere Volksfeste ins Leben zu rufen. Neben der „Gaadefelder Kerb" in der Neustadt war es in der Altstadt die „Vilzbacher Kerb", die insbesondere die Jugendlichen der Umgebung anzog. Da der Wiederaufbau noch lange nicht abgeschlossen war, gab es genug freie Fläche, wie hier in der Schlossergasse, für Karussell, Schiffschaukel und Verkaufsbuden. Mit zunehmender Bebauung verschwanden die Plätze und damit auch die „Kerb".

Foto links: Der alte Kinderroller der Vorkriegszeit war aus Holz und ein Spielzeug. Der „Gummiroller" der 50er Jahre mit luftgefüllten Gummireifen und Eisenrahmen war ein wichtiges Verkehrsmittel für die Kinder, die für das Fahrrad noch zu klein waren. Es erhöhte die Mobilität enorm. Jetzt konnte man mit Freunden größere Touren im Stadtgebiet unternehmen. Hier macht eine solche Gruppe am Rheinufer vor der Uferstraße Rast. Die Roller lehnen an einem Poller, der ansonsten zum Festmachen der am Ufer liegenden Schiffe diente.

Foto rechts: Am Rheinufer lagen seit 1898 die beliebten „Wäschbrücken". Das waren festverankerte Pontons mit flachem Boden und niedrigem Mittelbord, die in der Kiellinie eine offene Wasserrinne hatten. Über diesen Rinnen und an den Bordkanten der Längsseiten waren Waschbretter angebracht. Bevor Waschmaschinen zum Haushaltsstandard wurden, waren diese Wäschbrücken der regelmäßige Treff der Hausfrauen, wo sie bei der Arbeit auch soziale Kontakte pflegen konnten.

Die Eisenbahnbrücke der Hauptstrecke Mainz-Frankfurt/Darmstadt im Süden von Mainz an der Mainspitze überspannt in einer Länge von 1.230 Metern den Rhein. Sie ist die älteste der Mainzer Brücken und stammt aus dem Jahr 1862. Zu dieser Zeit war Mainz noch Festung des Deutschen Bundes, daher die Festungsbauweise der Brückentürme. Nach der Zerstörung durch die deutsche Wehrmacht am 18. März 1945 wurde die Brücke 1950 wieder hergestellt. Links ist die Mündung des Mains in den Rhein, das Industriegebiet von Mainz-Kostheim und die Kostheimer Mainbrücke zu sehen. Das Foto stammt aus der Zeit um 1956.

1954 war die Straße An der Philippsschanze eine zwar breite, aber ruhige Stadtrandstraße. Dennoch verlief die Bundesstraße 40 von Frankfurt nach Saarbrücken über diesen Straßenzug, aber die Mainzer bevorzugten zu Fahrten in Richtung Alzey oder Hechtsheim doch die Strecke über die enge Gaustraße. Im Hintergrund wächst der Neubau der Hals-, Nasen- und Ohrenklinik des ehemaligen Städtischen Krankenhauses, das seit 1950 als Klinikum der Johannes-Gutenberg-Universität dient, empor.

Schreibmaschinenunterricht mit der Schallplatte. Durch rhythmische Musik-
begleitung sollte das Gefühl der Schüler für das rechte Schreibtempo ge-
weckt werden. Dies geschah in der Städtischen Handelslehranstalt in Mainz,
die 1957, als das Foto entstand, ihr 50jähriges Jubiläum feierte. Die Schule
war damals in der Fürstenbergerhofschule in der Altstadt untergebracht. Der
kriegsbedingte Bevölkerungsrückgang in der Altstadt hatte das ehemalige
Volksschulgebäude für andere Schulzwecke freigemacht.

Stolz präsentiert das alteingesessene Möbelhaus Hedderich aus der Lothar-
straße um 1954 seine Lieferwagen. Der Opel-Blitz als Sattelschlepper war
lange Jahre ein gewohntes Bild auf den Mainzer Straßen. Die beiden kleine-
ren Lieferwagen der Auto-Union, deren Personenwagen unter der Marken-
bezeichnung DKW liefen, vervollständigten den für damalige Verhältnisse
großen Fuhrpark. Warum die Fahrzeuge gerade vor dem ehemaligen Fort
Stahlberg am Landwehrweg präsentiert wurden, ist unklar.

Die Mainzer Aktien-Bierbrauerei war bis zu ihrer Schließung 1982 (zuletzt als Teil der Frankfurter Binding-Brauerei) die größere der beiden verbliebenen Bierbrauereien in Mainz. Die Braustätte auf dem Kästrich, ein Werk des Architekten Ignaz Opfermann, war ein imposantes Beispiel der Industriearchitektur des 19. Jahrhunderts, das in der Neubaufront an der Kupferbergterrasse nachgeahmt wurde. Das Foto der späten 40er Jahre zeigt ein neugotisches Portal an der Hofseite mit dem Brauereiwappen.

Foto oben: Die Häuser am Schillerplatz waren um 1954 nur zum Teil wieder aufgebaut. Aber die Geschäfte hatten wieder ein reichhaltiges Warenangebot. Links das Wäschegeschäft C. O. Reuter, daran anschließend Foto-Rimbach, Tuchhaus Kramer, Hut-Reisert, Blumenhaus Reichenbach, Obst-Cocozza/Etam-Textilien und die Gaststätte „Schillerklause" (wiederaufgebautes Gebäude rechts).

Foto unten: Der Münsterplatz an der Kreuzung Bahnhofstraße, Große Bleiche, Schillerstraße gehörte auch 1954 schon zu den verkehrsreichen und belebtesten Plätzen der Stadt. Das Woolworth-Haus an der Großen Bleiche (links) stammt aus den zwanziger Jahren, blieb im Zweiten Weltkrieg unzerstört und beherbergte bis 1952 den Kaufhof.

Foto links: Das 1928/29 errichtete Telegraphenamt an der Ecke Münsterplatz/-Schillerstraße, von den Mainzer „Telehaus" genannt, gehörte zu den markanten Mainzer Bauwerken der Zwischenkriegszeit und blieb im Zweiten Weltkrieg weitgehend unzerstört. Das Café Münstertor mit seinem schönen Garten war, wie in der Vorkriegszeit, auch 1950 schon wieder ein beliebter Treffpunkt der Mainzer.

Foto rechts oben: Der Münsterplatz, benannt nach dem ehemaligen Altmünsterkloster, in Richtung Bilhildisstraße (rechts) und Telegraphenamt, um 1955. Obusse verkehrten bis zum 12. Februar 1967 in Mainz.

Foto rechts unten: Die Binger Straße, an der „Nahtstelle" zwischen Alt- und Neustadt mit ihrem Hausbestand aus dem 19. Jahrhundert mit Blick auf den Münsterplatz und die Schillerstraße mit Telegraphenamt und Erthaler Hof (Kreisamt) um 1955. In dem Geschäft rechts gab es noch „echtes Kommissbrot" für 88 Pfennige.

Der Bahnhofplatz mit dem 1884 eingeweihten Hauptbahnhof behielt noch bis 1963/64 seine ursprüngliche Form. Lediglich die monumentale Erhöhung des Mittelteils des Empfangsgebäudes war den Bomben zum Opfer gefallen. Das gärtnerisch ansprechende Rondell mit den Pflasterornamenten des Bürgersteigs war ein würdiges Entree der Stadt. Vor dem Bahnhofsgebäude stehen um 1952 noch die Verkaufsstände, die erst später in den renovierten linken Seitentrakt des Bahnhofs einziehen.

Der Reisende, der in den 50er Jahren die Stadt Mainz mit der Bahn erreichte, wurde im Bahnhof mit der Werbung großer Mainzer Firmen begrüßt. Die Glasfenster der Bahnsteighalle trugen die Werbebotschaften der Sektkellerei Kupferberg, während das Große Glasfenster zur Bahnhofshalle Mainz als Heimat der Blendax-Zahnpasta preist. Typisch für diese Zeit sind auch die Tag und Nacht besetzten Kabinen an der Sperre, wo die strengen Beamten die Fahrkarten beziehungsweise Bahnsteigkarten kontrollierten und lochten.

Foto links: Bis zu 500 000 Menschen säumen die Mainzer Straßen, wenn sich der Rosenmontagszug, der närrische Lindwurm, durch die Stadt schlängelt. Dies war auch so am 1. März 1954. Der Komiteewagen des Mainzer Carneval-Vereins, der sich seit seiner Gründung im Jahr 1838 für den Rosenmontagszug verantwortlich zeichnet, passiert den Hauptbahnhof, „eingerahmt" von Fahnenschwingern und Musikkapellen. Das Motto des Rosenmontagszuges 1954 lautete: „Mainz im närrischen Horoskop".

Foto oben: Die Mainzer Fastnacht ist ein kräftig sprudelnder Quell der Lebensfreude, so auch am Rosenmontag 1951 auf dem Bahnhofsplatz vor dem eleganten Hotel Königshof. Die Polizeibeamten sind in das „Geschehen" voll eingebunden. Die Fastnachtskampagne 1951 stand unter dem bezeichnenden Nachkriegsmotto „Mainz bleibt Mainz". Ernst Neger sang erstmals Martin Mundos unvergessenes Lied „Heile, heile Gänsje" und hob das Lied „Määnz bleibt Määnz" von Karl Schramm und Martin Binger aus der Taufe.

Das von der „Siege" für Bahnbedienstete errichtete Haus an der Ecke Bahn-hofstraße und Parcusstraße hieß bei den Mainzern nur „Rhema-Haus" nach der Rhein-Mainischen Herd- und Ofenhandlung, die den Laden im Erd-geschoß mit den vielen Schaufenstern betrieb. Dies war in der Aufbauphase bei vielen Häusern üblich, die vom Volksmund den Namen der ansässigen Geschäfte erhielten.

Am linken Bildrand des Winterfotos von 1955 kann man noch die ursprüngliche Breite der Großen Langgasse erkennen. Die Nordostseite der engen Straße wurde nach dem Krieg nicht mehr bebaut und von den Autofahrern als Parkplatz genutzt. 1961/62 wurde dann die heutige breite Straße angelegt und bis zur Ludwigsstraße durchbrochen. Der beherrschende Bau der Bildmitte ist die Rückseite der Kaufhalle an der Großen Bleiche. Davor und daneben stehen die flachen Notbauten der Umbach- und der Steingasse. Im Hintergrund links der Stadioner Hof in der Großen Bleiche.

Foto oben: Kabarett hatte an der 1946 wiedereröffneten Mainzer Universität einen festen Platz, vor allem auch dank der Initiative von Hanns Dieter Hüsch. Er gründete im Oktober 1956 die erfolgreiche und heute legendenumwobene „Arche nova" im Souterrain eines zerstörten Hauses in der Mittleren Bleiche 8 $\frac{1}{10}$. Die „Arche nova" bestand bis 1962. Der Mainzer Literat Walter Heist sagte damals: „Ein bemerkenswertes Stück Mainzer Kunstlebens der letzten Jahre hat aufgehört zu existieren."

Foto unten: Bei der Revue „Die 11. Muse" führte Rudolf Jürgen Bartsch Regie. Mitwirkende waren (von links nach rechts) Hanns Dieter Hüsch, Helga Mummert, Heinz Brass, Beate Hausdörfer und Rudolf Jürgen Bartsch.

Wer in den frühen 50er Jahren stolzer Autobesitzer war, kümmerte sich nur selten um Parkregeln. Der Wagen wurde so abgestellt, daß man möglichst wenig laufen mußte. So wurde auch der 1726 von Kurfürst Lothar Franz von Schönborn gestiftete Brunnen auf dem Neubrunnenplatz, der den Krieg unversehrt überstanden hatte, zugeparkt. Im Hintergrund der Neubau des Juweliers Weiland an der Ecke Große Bleiche/Lotharstraße, der bis heute noch nicht höher gebaut wurde.

Das große Schaufenster des renommierten Modehauses Kleebach auf der Großen Bleiche 41-47 war um 1954 für die bessersituierte Damenwelt in Mainz die erste Adresse in Sachen Mode. Das tolle Foto des beleuchteten Geschäfts verbirgt geschickt die Tatsache, daß es sich hier auch nur um einen eingeschossigen Nachkriegsnotbau handelt. Diese Flachbauten waren für die Ladengeschäfte der Großen Bleiche und der Ludwigsstraße bis in die 60er Jahre typisch.

Foto links: Der Neubau des Kaufhofs an der Schusterstraße dominierte lange Zeit das Gebiet zwischen Großer Bleiche und Ludwigsstraße. Trotz seiner Größe wirkte der Bau mit seinen bläulichen Glasfronten elegant und paßte sich geschmeidig der leichten Krümmung der Schusterstraße an. Die Straßenbahnschienen im Vordergrund stammen noch von der Linie Bauhofstraße-Höfchen, die nach 1945 nicht wieder eingerichtet wurde.

Foto rechts: Bei dem Nachtbild des Kaufhof-Schaufensters erkennt man deutlich die Vorliebe der 50er Jahre für Leuchtstoffröhren. Nicht nur Schriftzüge, auch Ornamentik und Warenzeichen wurden „leuchtend" dargestellt. Das „Fotohaus am Dom" war 1950 am Höfchen 4 am Fuß des Domes eröffnet worden und nahm seinen Namen 1952 in den Neubau an der Betzelsstraße 27 mit. Erst seit 1974 trägt das Geschäft den Namen des Inhabers.

Foto links: Die meisten engen Gäßchen in der Innenstadt sind beim Wiederaufbau verschwunden, zum Leidwesen der Nostalgiker, aber zum Nutzen der Bewohner. Auf dem Foto von 1958 blickt man von der Hinteren Christofsgasse durch das Christofsgäßchen auf den Karmeliterplatz. Der Walderdorffsche Hof auf der rechten Seite wurde später in Anlehnung an das Original wieder aufgebaut, während die Ruine des ehemaligen Mainzer Hofes auf der linken Seite abgetragen und durch eine Grünanlage ersetzt wurde, die den Blick auf die Ruine der Christophskirche freiläßt.

Foto rechts: Die Eingangshalle des am 6. Januar 1952 eingeweihten städtischen Altersheims in der Altenauergasse ist das schönste Beispiel für gelungene Architektur der 50er Jahre. Nichts engt den lichtdurchfluteten Raum optisch ein. Ganz flach steigt die Treppe mit breiten Stufen und filigranem Geländer empor. Fast verschwenderisch geht der Architekt mit dem Raum um. Die meisten dieser Treppenhäuser wurden später aus Gründen der Raumersparnis umgebaut.

Foto links: Das ehemalige Heilig-Geist-Spital in der Mailandsgasse beherbergt seit 1863 eine Gaststätte. Dieses älteste erhaltene Bürgerspital in Deutschland war im Krieg kaum zerstört. So war es nicht verwunderlich, daß es bald wieder als eine der bedeutendsten Gaststätten in Mainz genutzt wurde. 1975 wurde es von der umgebenden jüngeren Bausubstanz befreit, renoviert und beherbergt seitdem die „Rats- und Zunftstuben Heilig-Geist". Die Kohlenhändler waren, neben den Bierkutschern, die letzten Fuhrleute, die noch mit Pferdefuhrwerken ihre Produkte transportierten, wie auf dem Foto von 1956 zu sehen.

Foto rechts: Um 1955 sah so ein Blick vom Haus Markt 35 an der Ecke zur Seilergasse in Richtung Rhein aus. Im Vordergrund die Reste des „Königs von England", eines der imposantesten Gebäude des alten Mainz. Seit 1962 steht hier der Neubau des Gutenbergmuseums. Einige Bauelemente der Ruine sind in der Hofmauer des Weltmuseums der Druckkunst eingebaut. Hinter dem Trümmergelände rechts die Häuser der Rotekopfgasse und links das mächtige Dach des Heilig-Geist-Spitals in der Rentengasse.

Foto links: „Täglich Tanz. Küche bis 2 Uhr nachts". So hieß es in der Werbung für die Gaststätte Heilig-Geist in dem ehemaligen Spital. Ursprünglich ein bürgerliches Gasthaus, wurde der Heilig-Geist in den 50er Jahren immer mehr zu einem Amüsierlokal, das auch sehr gerne von amerikanischen Soldaten besucht wurde. Auf dem Bild von 1958 spielen zwei junge Damen und zwei Herren heiße Rhythmen, während sich ein GI in Ausgehuniform mit seiner Partnerin im Tanz wiegt.

Foto rechts: Im „Kleinen Casino", kurz KC genannt, in der Rotekopfgasse 6 gegenüber des Heilig-Geist war die Atmosphäre intimer. In den 50er Jahren waren die Besucher meist junge Mainzer. Hierhin führte man seine Freundin zum Tanzen. Auch die Musiker machen einen biederen Eindruck als die gemischte Kapelle von gegenüber. Als in den 60er Jahren die Diskotheken aufkamen, waren die Tage der traditionellen Tanzlokale gezählt. Die letzten Besucher waren fast nur noch Amerikaner.

Nachdem die französischen Behörden der Landesregierung von Rheinland-Pfalz die Finanzierung des Wiederaufbaus des Deutschhauses zugesichert hatten, beschloß der Landtag am 16. Mai 1950, den Regierungssitz nach Mainz zu verlegen. Innerhalb eines Jahres wurde das Gebäude so hergerich-tet, daß er ein würdiger Ort für das Landesparlament wurde. Links vom Deutschhaus an der Rheinstraße, die hier heute den Namen Peter-Altmeier-Allee trägt, steht die Ruine des Zeughauses, das 1960 zum Sitz der Staats-kanzlei wiedererrichtet wurde.

1951 fand die Kundgebung zur 1. Mai-Feier der Mainzer Gewerkschafter auf dem Deutschhausplatz statt. Die Teilnahme war überwältigend. Die Forderung auf dem Plakat nach „Gleichem Lohn für gleiche Arbeit" sollte noch lange Gültigkeit haben. Den Volksfestcharakter des „Tages der Arbeit" zur damaligen Zeit unterstreicht die Schiffschaukel im Hintergrund auf dem Ernst-Ludwig-Platz.

Foto oben: Am 18. Mai 1951 tagte der Landtag von Rheinland-Pfalz erstmalig im wiederaufgebauten Deutschhaus. Das vom Deutschen Orden errichtete Barockgebäude hatten zuvor schon Napoleon I., die Großherzöge von Hessen und 1918-30 die französischen Oberbefehlshaber in Mainz als Residenz genutzt. Das Foto, aufgenommen an einem Winterabend um 1954, zeigt das Deutschhaus mit seinen Pavillons vom Deutschhausplatz aus.

Foto rechts: Auf dem Ernst-Ludwig-Platz stehen noch die 1946 für die Schweizer Hilfe errichteten Baracken. Diese Organisation sorgte in der Nachkriegszeit für die Ernährung und Bekleidung vieler bedürftiger Kinder im zerstörten Deutschland. 1955, als das Foto entstand, war der Kinderhort der Arbeiter-Wohlfahrt in den Behelfsbauten untergebracht. Heute steht hier der Neubau des Römisch-Germanischen Zentralmuseums.

Foto links: 1956 fuhr auf der Nordseite der Kaiserstraße noch die Straßenbahn. Der Mittelstreifen der Straße hatte noch seine typische Form mit der gepflasterten Ornamentik der Bürgersteige und dem Platz, der dadurch entstand, daß die Einmündungen der Schießgartenstraße auf der Altstadtseite und die der Leibnizstraße auf der Neustadtseite seitlich versetzt waren. Die gleiche Situation ergab sich auch an der Heidelbergerfaßgasse und der Gartenfeldstraße. 1964 wurden die Schienen entfernt und mit ihnen das geräuscharme Holzpflaster zwischen den Gleisen.

Foto rechts: An Fastnacht 1956 war es in Mainz klirrend kalt. Hier marschiert eine der vielen Mainzer Fastnachtsgarden vom Bonifaziusplatz zum Hauptbahnhof. Der Neubau der St.-Bonifazius-Kirche ist fast vollendet. Der Plan, den ruinierten Turm nach dem Vorbild der Berliner Gedächtniskirche stehen zu lassen zerschlug sich später, da die Bausubstanz zu schlecht war und immer wieder große Steinbrocken auf die Straße stürzten.

Am Freitag nach dem zweiten Sonntag nach Pfingsten feiert die Pfarrei St. Peter das Herz-Jesu-Fest mit der sogenannten Batzekuchenprozession, wobei an die Teilnehmer, insbesondere die Kinder, kostenlos ein „Batzeku-che", eine Art Rosinenbrötchen, ausgeteilt wird. Die Notkirche für die stark zerstörte Peterskirche war an der Hinteren Bleiche zwischen Heidelberger-faßgasse und Schießgartenstraße. So ging 1951 die Prozession durch das Bleichenviertel, wie hier durch die Heidelbergerfaßgasse. Im Hintergrund sieht man die Rückseite des Volksbank-Gebäudes und den Turm der Emmeranskirche.

Foto links: Eine der ersten neu bzw. wiedererrichteten Schulturnhallen war die der Goethestraße in der Neustadt. Schon 1953 war sie, mit modernen Turngerät ausgestattet, wieder in Betrieb. Auch die anderen Volksschulen der Neustadt nutzten diese Halle, was zu einer permanenten Überbelegung und zu Sportunterricht am Nachmittag führte. Erst in den 60er Jahren entspannte sich die Lage bei den Schulturnhallen. Nicht nur beim Sport, wie das Foto von 1955 zeigt, waren Mädchen und Jungen getrennt. Auch beim normalen Unterricht gab es strenge Geschlechtertrennung in einzelne Klassen, wenn möglich sogar in verschiedene Gebäudeteile.

Foto rechts: In der im Krieg weitgehend unversehrt gebliebenen Alice-Kaserne in der Mainzer Neustadt wurden nach dem Krieg Notwohnungen für Ausgebombte eingerichtet. Diese Wohnungen waren im Gegensatz zu den Barackenunterkünften sehr beliebt. Der große Kasernen-Innenhof mit seinen Bäumen und Grasflächen war ein idealer Spielplatz für die vielen Kinder dieses Wohngebietes, wie das Foto von 1959 zeigt. Auch zahlreiche kleine Handwerksbetriebe hatten hier ihre Werkstätten.

Ein Werktagmorgen an der Straßenbahnhaltestelle am Bismarckplatz Ende der 50er Jahre. Die Menschen warten auf eine Straßenbahn aus Finthen/Gonsenheim oder Mombach oder von der Ingelheimer Aue, um an den Hauptbahnhof und die Arbeitsplätze in der Innenstadt zu kommen. Das Boulevard-Blatt ist schon das Gleiche wie heute, nur der Preis dafür beträgt damals nur einen Groschen. Im Hintergrund entstehen die Wohnblocks Barbarossaring 47-53 und Hattenbergstraße 1-3.

Um 1958 sah das Forum der 1946 wiedergegründeten Mainzer Universität auch während der Vorlesungszeit ziemlich leer aus, obwohl hier das Zentrum des Universitätsbetriebs war. Nicht nur die Studenten, auch viele Professoren kamen mit dem Fahrrad zur Alma Mater. Die Büste des Namenspatrons der Johannes Gutenberg-Universität stand bis 1946 im Garten des Brauhauses zum Gutenberg in der Franziskanerstraße 3. Der Messerschmitt-Kabinenroller („Schneewittchensarg") auf dem Platz war ein Symbol der 50er Jahre.

Als die französischen Behörden 1946 den Anstoß zur Wiedergründung der Mainzer Universität gaben, sorgten sie mit all ihren Möglichkeiten für den Auf- und Umbau der ehemaligen Flakkaserne. Deutsche Kriegsgefangene erhielten für ihren Arbeitseinsatz ihre Entlassungspapiere. Beschlagnahmter Wein war wichtiges Zahlungsmittel für Baumaterialien. Nur Wohnraum für Studenten konnte in der zerstörten Stadt nicht geschaffen werden. So wurden die Dachgeschosse der Bauten am Forum zu Studentenwohnungen ausgebaut. Hier zeigt uns der Fotograf ein Zimmer, das sich vier Studentinnen teilten.

Während der Fotograf das Zimmer der adretten Studentinnen ordentlich, mit sauber gerichteten Betten, Schnittblumen in der Vase und frisch ondulierten jungen Damen ablichtet, sieht es im Raum der drei männlichen Studenten etwas anders aus. Auf dem Tisch Unordnung, ein Dosendeckel als Aschenbecher, Handtücher am Nagel in der Wand und der Topf auf dem Heizkörper zeigen deutlich das Bild des studentischen Lebens in einer von vielen erstrebten Buden um 1950.

Foto oben: Eine der ersten Neubauten einer Grundschule war die Gleisberg-schule am Rand des Gonsbachtales in der Gonsenheimer Gemarkung, die 1959 eingeweiht wurde. Hier war am Rande von Gonsenheim ein neues Wohngebiet mit Wohnblocks und Einfamilienhäusern entstanden, wie in der Folgezeit am Stadtrand noch weitere folgen sollten. Wie bei fast allen Schul-bauten dieser Zeit waren die Klassenzimmer mit großen Fenstern nach Süden ausgerichtet. Das war zwar angenehm hell, aber an heißen Tagen war in diesen Räumen an Unterricht nicht zu denken.

Foto rechts: Noch bis in die 60er Jahre standen in den Randgebieten der Stadt Wohnbaracken für die Mainzer, die durch die Bombenangriffe ihre Wohnungen in der Innenstadt verloren hatten. Aus Furcht, ihren Anspruch auf Wohnraum in der Stadt durch Wegzug zu verlieren, blieben sie in den primitiven Notunterkünften, um auf eine ihnen zustehende Sozialwohnung zu warten. Die Baracke auf dem Bild stand am Rande des Grüngürtels am Römerwall, wo heute das Forschungsgebäude der Universitätsklinik empor-ragt.

Foto oben: Der in den Jahren 1954 bis 1957 erbaute Gasometer der Kraftwerke Mainz-Wiesbaden auf der Ingelheimer Aue galt mit seiner Höhe von 123 m als der größte Gasbehälter in Westeuropa. 1973 wurde dieses wenig ansehnliche Wahrzeichen der Stadt wieder abgerissen.

Foto rechts: Am Mombacher Ufer des Industriehafens wurde 1946 auf Initiative der französischen Besatzungsbehörden die Rheinwerft gegründet. In den im Mai 1948 eingeweihten Anlagen wurden zahlreiche Schiffsneubauten ausgeführt. Ende 1976 mußte der Betrieb wegen fehlender Aufträge geschlossen werden. Heute werden hier Ceran-Kochfelder der Glaswerke Schott & Gen. hergestellt. Im Hintergrund steht die Verkokungsanlage der Kraftwerke Mainz-Wiesbaden.

Das Foto aus dem Jahr 1955 zeigt eines der letzten großen Flöße, die teils aus dem Schwarzwald, teils aus dem Spessart und aus Franken den Zusammenfluß von Rhein und Main erreichten. In Kastel und Kostheim hatte sich im 19. Jahrhundert eine bedeutende Holzindustrie angesiedelt. Aber manches große Floß schwamm, von Schleppern gezogen, den Rhein hinab bis Holland. Das war für die Flößer eine harte Zeit, die sie in einer primitiven Hütte auf dem Floß verbrachten.

Der seit 1932 jährlich stattfindende
Weinmarkt auf dem Halleplatz war das
zweite große Volksfest nach der Fastnacht, bis er in den 70er Jahren vom Jo-
hannisfest überflügelt wurde. Schon
1947 fand der erste Nachkriegs-Markt
unter abenteuerlichen Bedingungen -
Wein auf Lebensmittelkarten etc. - statt.
Das Foto vom Weinmarkt im August
1952 zeigt die Bürger wieder in wachsen-
dem Wohlstand zwischen Wein- und Im-
bißständen. 1965 wurde das Fest vom
innerstädtischen Halleplatz, auf dem
heute das Rathaus steht, auf das Gelände
am Volkspark verlegt.

Auch die im Frühjahr und im Herbst stattfindenden Jahrmärkte, in Mainz Messen genannt, hatten bis zur Erbauung der Rheingoldhalle ihren Standort auf dem Halleplatz. Die „Mess" war und ist in Mainz ein beliebter Treffpunkt für die ganze Familie. Beim Bummel über den Messplatz sah man Freunde und Bekannte und wurde gesehen, was oft noch wichtiger war. Der untersetzte Herr am Kettenkarusell scheint der Jugendzeit nachzublicken. Die Sicht auf die Häuser im Hintergrund ist heute durch den Neubau des an Silvester 1973 eingeweihten Rathauses versperrt.

Foto links: Die Wiedereröffnung der Straßenbrücke zwischen Mainz und Mainz-Kastel am 16.4.1950 war das erste große Ereignis nach dem Krieg für die arg zerstörte Stadt. An der Spitze der Ehrengäste marschierte Bundespräsident Professor Theodor Heuss durch ein dicht gedrängtes Zuschauerspalier mit Mainzer Fähnchen über die Brückenrampe auf den Mainzer Brückenkopf, wo er vom Mainzer Oberbürgermeister Franz Stein erwartet wurde. Dann ging es gemeinsam zur Brückenmitte, wo der Wiesbadener Oberbürgermeister Redlhammer wartete. Hier eröffnete der Bundespräsident die Brücke. In Erinnerung an diesen Akt erhielt die Brücke 1967 den Namen „Theodor-Heuss-Brücke".

Foto oben: Die ersten Fahrzeuge, die die neu eingeweihte Brücke passierten, waren die neuen Aufbau-Triebwagen der Mainzer Straßenbahn, die sämtlich als Linie 6 Wiesbaden-Hbf-Hauptpost ausgeschildert waren. Am 1. Mai 1955 wurde die Straßenbahn nach Wiesbaden durch Omnibusse ersetzt. Am 31.8.1958 rollte die letzte Straßenbahn über die Straßenbrücke nach Kastel und Kostheim.

Foto links: Schon um 1955 war das Verkehrsaufkommen auf der einzigen Straßenbrücke über den Rhein zwischen Worms und Koblenz sehr hoch. Recht zahlreich waren zu dieser Zeit die imposanten Wagen der amerikanischen Militärangehörigen, wie der alte Chevrolet mit den Weißwandreifen, die auch in Deutschland große Mode wurden. Der Junge mit dem Handkarren hält sich streng an die Straßenverkehrsordnung, die das Befahren des Bürgersteigs mit Karren verbot.

Foto rechts: Der große Schlepper, ein 1958 schon seltener Raddampfer, verläßt Mainz rheinabwärts in Richtung seines Heimathafens Duisburg. Nach Passieren der Straßenbrücke, von der die Aufnahme gemacht wurde, steuert er die einzige schmale Durchfahrt der Behelfsbrücke an. Diese Brücke in der Verlängerung der Kaiserstraße war 1945/46 als Ersatz für die gesprengte Straßenbrücke von den alliierten Behörden mit Hilfe deutscher Kriegsgefangener errichtet worden. Schon lange bedeutungslos, wurde sie erst 1962/63 als Schiffahrtshindernis abgebrochen.